AF261814

SUR L'ÉTABLISSEMENT

D'UNE

CONSTITUTION RÉPUBLICAINE

EN FRANCE

ET QUELQUES CONSIDÉRATIONS

Sur ce qui s'est passé aux États-Unis et en France depuis 1789

PRIX : 1 FRANC

PARIS

E. DENTU, LIBRAIRE-ÉDITEUR

GALERIE D'ORLÉANS, 17-19 (PALAIS-ROYAL)

Et chez les principaux Libraires

1873

SUR L'ÉTABLISSEMENT

D'UNE

CONSTITUTION RÉPUBLICAINE

EN FRANCE

SUR L'ÉTABLISSEMENT

D'UNE

CONSTITUTION RÉPUBLICAINE

EN FRANCE

ET QUELQUES CONSIDÉRATIONS

Sur ce qui s'est passé aux États-Unis et en France depuis 1789

PRIX : 1 FRANC

PARIS

E. DENTU, LIBRAIRE-ÉDITEUR

GALERIE D'ORLÉANS, 17-19 (PALAIS-ROYAL)

Et chez les principaux Libraires

—

1873

AVANT-PROPOS

On a généralément accusé les Français d'être le peuple le plus ignorant de l'Europe en géographie.

On a même voulu voir dans l'ignorance de nos généraux à cet égard une des causes principales de nos désastres en 1870 et en 1871.

Après avoir longtemps cherché nos modèles politiques en Angleterre, nous nous décidons enfin à passer l'Atlantique et à aller les chercher aux États-Unis.

Il serait douloureux que l'ignorance de nos hommes d'État de la géographie de ce pays nous causât, en politique, des désastres pareils à ceux que nous avons éprouvés pendant la guerre.

Je n'ai vu qu'un petit coin de ce grand pays, il y a bien des années, mais je l'ai étudié beaucoup depuis : c'est ce qui m'a décidé à écrire ce qui suit.

SUR L'ÉTABLISSEMENT

D'UNE

CONSTITUTION RÉPUBLICAINE

EN FRANCE

ET QUELQUES CONSIDÉRATIONS

SUR CE QUI S'EST PASSÉ AUX ÉTATS-UNIS ET EN FRANCE

DEPUIS 1789

I

Le but de tout peuple raisonnable doit être d'appeler au gouvernement les hommes qui ont le plus de moralité, d'intelligence, de connaissances, c'est-à-dire de capacité et de dévouement à la fois.

Les monarchies et les aristocraties qui ont régi et régissent encore la plupart des peuples de l'Europe ont l'avantage de rendre plus vivaces, en les concentrant dans un petit nombre de familles, les traditions et l'expérience du gouvernement des hommes et des choses, de pouvoir diriger toutes les forces vives de la nation vers un but unique. Elles ont donné à l'Angleterre l'empire de la mer et le commerce du monde; elles ont permis à la Prusse de faire, en moins de deux siècles, des Hohenzollern, d'abord souverains de deux millions d'hommes à peine, les chefs d'un empire qui compte aujourd'hui plus de quarante millions d'âmes.

II

On peut contester que l'Angleterre, qui a pour capitale la ville la plus peuplée du monde, qui présente le spectacle de la misère individuelle la plus profonde à côté de la richesse la plus grande de quelques-uns, que l'Angleterre, où beaucoup de particuliers sont plus riches que la Reine, ait le meilleur gouvernement pour le bonheur des peuples, quoique la liberté soit plus grande en Angleterre que partout ailleurs en Europe, quoique en Angleterre il n'y ait pas un seul individu appelé à faire partie malgré lui de l'armée régulière, éventuellement condamné à ce titre à porter la guerre et la dévastation sur un territoire étranger.

III

La Prusse ne possède pas le meilleur des gouvernements et on ne saurait le contester. C'est elle qui, la première, a cherché à faire de la nation entière une armée permanente. C'est à cette idée qu'elle a dû ses succès militaires dans le passé; c'est la Prusse qui sera la première responsable devant les peuples de l'Europe, lorsque des millions d'hommes armés se heurteront dans les champs de bataille de l'avenir. On verra des tueries colossales décider des destinées des peuples, au lieu de ces guerres qui duraient, il est vrai, plus longtemps, où la tactique d'un général habile, le courage dé quelques dizaines de milliers d'hommes habitués à la victoire suffisaient à changer les bornes des États.

IV

Si, avant 1789, la royauté avait placé la France dans une situation qui n'était inférieure à celle d'aucun peuple en Europe, on est forcé de reconnaître qu'elle avait laissé beaucoup à désirer sous le rapport de la moralisation et du bonheur que l'on doit à tous.

Depuis Louis XV surtout, les classes dirigeantes avaient donné l'exemple d'une corruption effrayante.

A partir de ce moment, l'oubli des devoirs s'est répandu partout ; plus que jamais on a vu le vice à la mode, l'égoïsme partout, partout l'absence des vertus qui font les peuples heureux et forts.

V

Une imitation servile de la constitution aristocratique de l'Angleterre, dans un pays où il n'y avait plus d'aristocratie, a causé tous les malheurs intérieurs de la France depuis 1815.

L'aristocratie qui peuple la Chambre des pairs et la Chambre des députés des communes gouverne en Angleterre ; c'est là qu'on choisit les ministres, qui sont soumis à une réélection, au moment où ils sont nommés ministres. Les électeurs sont appelés à voir s'il leur convient que celui qu'ils avaient nommé pour contrôler le gouvernement prenne part, aussi, au gouvernement. Si le ministre nouveau perd son siége au Parlement, il cesse en même temps d'être ministre, juste punition s'il a contrôlé les ministres en vue de les remplacer plutôt que dans l'intérêt de l'Angleterre !

On remarquera sans doute que, malgré ce correctif, la séparation des pouvoirs n'est qu'un vain mot en Angleterre, où la Chambre des communes, seule élective, concentre en réalité le conseil et la direction des affaires publiques entre ses mains par le choix des ministres qu'elle impose à la Reine et qui ne peuvent être pris que dans la Chambre des communes et dans la Chambre des pairs.

Cette séparation des pouvoirs, si vantée en Angleterre, elle n'existe qu'aux États-Unis, où le Président et les deux Chambres législatives sont également élus, où les ministres, organes du pouvoir exécutif, le Président ne peuvent faire partie d'aucune des deux Chambres.

VI

C'est l'ambition des députés qui voulaient pour eux et leurs amis le monopole des ministères et des hautes fonctions publiques qui a causé les révolutions de 1830 et de 1848.

Avant et après ces deux révolutions, jamais on n'a vu, en France, les hommes politiques mieux parler et plus mal agir.

Au début de la révolution de 1789, c'est un homme incorruptible, pourtant, à la double séduction de l'or et des plaisirs qui avait réclamé d'abord avec éloquence l'abolition de la peine de mort dans nos lois et proclamé l'inviolabilité de la vie humaine.

Cet homme, Robespierre, parvenu au pouvoir, autant que pouvait le tolérer ou le vouloir une Assemblée unique, la Convention, a noyé la France dans le sang.

La pendaison et les procédés des bourreaux anciens auraient été trop peu expéditifs pour lui !

La guillotine semble être venue à propos en France, pour lui permettre l'application de son système.

C'est avec une Chambre unique, grâce à la responsabilité peu définie de chacun des gouvernants de l'époque, qu'on a pu voir ces horreurs.

VII

Quand la France respirait enfin sous un gouvernement républicain plus régulier et plus humain, un général qui avait courtisé les Robespierre, alors qu'ils pouvaient servir à son avancement, Napoléon Bonaparte, désertant son poste, abandonnant l'armée qu'il commandait en Egypte, venait renverser la République et relevait le trône de France à son profit.

Combien ne vit-on pas alors de ces républicains, qui avaient célébré le mieux les vertus de la République et les bienfaits de l'égalité, vanter le despotisme de l'Empire ! L'un d'eux, religieux défroqué qui avait voté la mort de Louis XVI, se trouva, sans trop d'étonnement, duc et ministre de l'Empire; il fut encore duc et ministre sous Louis XVIII, le frère de l'infortuné Louis XVI. Comme lui, des républicains, parmi les plus compromis, surent être impérialistes et royalistes à propos pour leur ambition et leur avancement personnel, but unique de leur vie sous tous les gouvernements.

VIII

Qu'on s'étonne après cela que dans les Chambres de la Restauration, les bonapartistes aient réclamé au nom des idées de liberté !

La France, vaincue en 1813, en 1814, en 1815, venait de perdre et les conquêtes de Napoléon et une vingtaine de départements que la République, attaquée par l'Europe, avait conquis entre le Rhin et les Alpes, devenus nos frontières avant les Bonaparte.

En trois années de guerres malheureuses, Napoléon avait donné plus de grades et de décorations que pendant tout le temps de sa prospérité. Après sa chute, on avait dû laisser inoccupés une partie de nos officiers et faire attendre aux autres un rare avancement.

Beaucoup d'intérêts avaient souffert de ce que la folie de la guerre, qui ne pouvait être éternelle, avait cessé à la suite du désastre définitif que Napoléon, longtemps joueur heureux au jeu sanglant des batailles, avait dû assurer à la fin à la France.

Ces intérêts, qu'il était impossible à un gouvernement honnête de satisfaire, ne cessaient de réclamer dans la presse et les tribunes législatives, au nom de la liberté, qui était cependant bien plus réelle en France sous les Bourbons que sous Napoléon.

IX

En 1830, avec une Charte qui déclarait le roi irresponsable, on sut à la fois chasser la dynastie et condamner les ministres, qui devaient seuls être responsables.

Au moins aucun d'eux ne fut condamné à mort par la Chambre des pairs, un des pouvoirs institués par la Charte de 1815, maintenus par celle de 1830.

Louis-Philippe d'Orléans, fils de Philippe-Égalité, qui avait voté la mort de son cousin Louis XVI, mauvais parent et ambitieux comme son père, fut placé sur le trône.

Il rappelait qu'il avait assisté à des batailles à l'ombre du drapeau tricolore; en 1792, lui aussi avait été républicain; le vieux Lafayette, qui avait combattu, sous Louis XVI, pour l'établissement de la République des États-Unis, n'assurait-il pas que son gouvernement serait la meilleure des républiques ?

X

On vit deux ministres, dont l'un, en 1815, en haine des Bourbons, avait voulu appeler au trône de France la dynastie qui règne en Hollande et qui s'est signalée dans l'histoire par sa tolérance religieuse, condamnés, sous Louis-Philippe, pour concussion.

Une nation n'est pas aussi malade encore, lorsque l'on voit quelques uns de ceux qui sont à sa tête condamnés pour avoir voulu s'enrichir au mépris des lois, que lorsqu'on les voit tous utiliser sans danger, pour s'enrichir, un pouvoir qui ne devait leur être donné que dans l'intérêt général, lorsque l'opinion publique admet ce manque à des sentiments de dévouement qui sont le premier devoir des dépositaires de la puissance publique.

XI

La révolution de 1848, qui n'avait pas pour elle un prétexte légal qui ne manquait pas à celle de 1830, s'empressa d'abolir la peine de mort en matière politique, et d'appeler non plus seulement un petit nombre d'électeurs choisis pour leur fortune, mais tous les Français, à participer aux élections des représentants de la nation. On laissa sans les poursuivre judiciairement les ministres du gouvernement tombé, qui n'avaient fait que montrer une grande inintelligence politique.

Sauf l'ouvrier Albert, tous les membres du Gouvernement provisoire avaient prêté serment de fidélité au gouvernement qu'ils avaient renversé.

Un grand citoyen, le général Cavaignac, qui n'avait pas eu les mêmes torts, fut appelé à les remplacer après les émeutes sanglantes de Juin 1848.

Un moment on put espérer qu'un essai loyal de la République allait être fait avec cet homme honnête et intelligent.

Malheureusement la terreur qu'inspirait à ceux qui n'avaient pas oublié notre histoire le souvenir de la première République, la haine que le vainqueur des journées de Juin inspirait dans les grandes ville aux hommes de désordre et d'anarchie, l'avilissement soudain du prix des denrées agricoles dans les campagnes et le trouble que cet état de choses apportait à tous les intérêts, firent nommer, par une grande majorité, au scrutin direct, Louis Napoléon Bonaparte président de la République. Quatre départements également légitimistes alors, également situés aux extrémités de la France : le Var et les Bouches-du-Rhône, en Provence; le Morbihan et le Finistère, en Bretagne, donnèrent seuls la majorité à Cavaignac.

On put croire même qu'un mot d'ordre parti de Paris au dernier moment n'avait pas eu le temps d'arriver jusqu'à eux.

XII

Les titres de Louis Napoléon Bonaparte ne consistaient pas seulement dans les crimes de son oncle.

Cet aventurier, qui n'avait montré qu'une intelligence très-médiocre dans le collége allemand d'Augsbourg, où il avait été élevé, avait deux fois déjà, à Strasbourg (qu'il devait faire perdre à la France) et à Boulogne, conspiré contre le gouvernement de Louis-Philippe et succombé deux fois dans une tentative pour soulever l'armée et se faire proclamer empereur.

Louis-Philippe l'avait fait reconduire libre en Amérique, une première fois, je ne sais pas bien à quelles conditions. La seconde fois, condamné à la détention perpétuelle, il s'était évadé du château de Ham au bout de quelques années.

XIII

Le serment de fidélité qu'il avait prêté à la République, comme président, ne pouvait guère arrêter un homme de cette nature.

Le 2 décembre 1851, quelques mois avant l'époque où il devait remettre ses pouvoirs à un successeur, la Constitution ne lui permettant pas d'être élu Président deux fois de suite, une troisième tentative, plus heureuse que les autres, lui permit enfin d'arriver au trône.

La représentation nationale dissoute, les hommes les plus considérables de France arrêtés nuitamment au nom de la loi, en violation de la loi, tous les hommes qui pouvaient être un obstacle exilés temporairement ou déportés en Algérie ou même à Cayenne : voilà ce que l'on vit et ce que la France amnistia, sans pouvoir changer le crime en vertu, ce que bien des personnes, hélas! n'ont peut-être jamais compris en France, ni alors, ni depuis! Même pendant la lutte, un petit nombre d'hommes, coupables, dans les départements soumis à l'état de siége, d'avoir obéi à la constitution qui les appelait à sa défense, furent condamnés et fusillés au nom de la loi, dont ils étaient les seuls défenseurs, contre l'armée, infidèle, en Décembre comme en Brumaire, à sa mission.

XIV

Naturellement les hommes qui faisaient le plus d'opposition sous Louis-Philippe au nom des idées de liberté peuplèrent le Sénat et les ministères après le succès.

L'un d'eux a eu la bonne fortune de mourir avant la fin du règne et d'avoir une statue élevée à Nantes par la reconnaissance publique !

La statue a été enlevée après Sedan et remise à la famille. Vainement un conseil municipal républicain a fait raser le piédestal, la place attend qu'on lui restitue la statue; elle sera relevée aux applaudissements de tous ceux qui ne savent qu'adorer le succès, et au nom du rétablissement de l'ordre moral, si le malheur de la France veut qu'une troisième journée pareille succède aux journées criminelles de Brumaire et de Décembre.

XV

Le second Empire devait finir, comme le premier, par la guerre, quoiqu'il eût proclamé à son avénement que l'Empire c'était la paix.

La Prusse, qui n'avait que dix-neuf millions d'âmes, la moitié de la population de la France, la moitié de la population de l'Autriche, qui ne payait pendant la paix que deux cent mille soldats, la moitié du nombre d'hommes que la France et l'Autriche entretenaient chacune pendant la paix, ne gardait sous les drapeaux ses soldats toute d'année que trois ans au maximum; mais elle les rappelait tous les ans ensuite pour assister à de grandes manœuvres pendant un mois ou pendant quinze jours.

L'Autriche gardait toute l'année, pendant toute la durée de leur service (neuf ans ou dix ans), les mêmes soldats sous les drapeaux, et les renvoyait libres de tout engagement au bout de cette période.

Ce système était celui de la France, qui ne gardait toutefois ses soldats que sept ans de suite; il avait l'inconvénient de rendre un grand nombre d'hommes peu propres à une autre vie que celle de soldat.

Un tort plus grave encore, c'était de ne donner à la France et à l'Autriche, le lendemain de la déclaration de guerre, que les 400,000 bons soldats que ces deux États pouvaient avoir sous les drapeaux la veille de la déclaration de guerre; tandis que la Prusse, en 1866, avant Sadowa, put réunir légalement et promptement 700,000 soldats de 31 ans et au-dessous, excellents soldats tous, que de sérieux exercices annuels avaient empêchés d'oublier le métier qu'ils avaient appris pendant trois ans consécutifs.

XVI

La Prusse avait réduit l'Autriche à demander la paix après une lutte de trois semaines; à Sadowa, pendant la lutte et après, elle avait pris 360 canons aux Autrichiens.

En 1859, nous avions aussi battu les Autrichiens à Magenta; nous leur avions pris 4 canons, ils nous en avaient pris un! A Solférino, nous leur avions enlevé 30 à 40 canons; il nous avait fallu trois mois pour les forcer à demander la paix.

La Prusse, soit par ses annexions, soit par ses alliances avouées ou cachées, après Sadowa, se trouvait désormais à la tête de 38 millions d'hommes.

Notre système militaire, changé en 1868, nous permettait, en cas de guerre, au bout de neuf ans, c'est-à-dire en 1877, de joindre 240,000 hommes ayant servi cinq ans aux 400,000 hommes de l'armée payée en temps de paix.

Mais en 1870, au bout de deux ans, nous n'avions et sur le papier, encore que 80,000 bons soldats à joindre, le jour de la déclaration de guerre, aux 400,000 hommes de l'armée active.

Il est vrai qu'on pouvait réunir légalement à ces 480,000 bons soldats, sous le nom de mobiles, de prétendus soldats, qui auraient pu faire jusqu'à douze jours de service par an, mais qui en réalité n'avaient pas un jour de service, qui ne se connaissaient pas et ne connaissaient ni leurs officiers ni personne.

XVII

J'entends fréquemment imputer, au nom de l'Empire, à l'opposition républicaine la responsabilité de ce triste état de choses.

Il est vrai que les députés de l'opposition avaient le tort de demander l'abolition des armées permanentes, au moment où la Prusse transformait, à côté de nous, la nation tout entière en armée permanente.

Mais il faut beaucoup de mauvaise foi, ou beaucoup d'inintelligence, pour ne pas rendre responsables les députés de la majorité et le gouvernement de l'Empereur qui les avait fait nommer, des conséquence de leurs actes.

Ils avaient la majorité, et une grande majorité; ils devaient mieux se pénétrer de leurs devoirs, *s'ils les voyaient*, et ne pas craindre, au risque de leur popularité, d'astreindre les mobiles, leurs électeurs, à un service qui en fît de véritables soldats, le jour d'une déclaration de guerre.

L'opposition républicaine ne voulait pas la guerre; s'il y avait là des artistes en paroles plus que des hommes d'État, ils n'avaient point à agir; ceux-là seuls d'entre eux, s'il y en a, qui ont voté la guerre, et qui ont cru qu'on allait voir promptement l'armée française entrer à Berlin victorieuse, peuvent partager la responsabilité avec eux, mais sans l'atténuer en rien.

Au moins, cette responsabilité ne saurait atteindre à aucun degré l'homme éminent que, dans un moment de reconnaissance, dans un juste sentiment d'une situation qui semblait désespérée, l'Assemblée nationale, réunie à Bordeaux, avait placé en 1871 à la tête de la République.

XVIII

M. Thiers, en effet, avait averti des dangers que faisait courir une politique insensée.

Homme d'action et d'intelligence, mêlé à la gestion des affaires publiques depuis cinquante ans, son patriotisme, son expérience lui donnaient les qualités que la démocratie, qui n'a point pour se guider les traditions des grandes familles de l'aristocratie, ne saurait négliger sans péril pour elle et pour la société.

ll est même permis de penser que si M. Rouher, qui avait au moins acquis une certaine expérience des choses publiques sous l'Empire, qui avait parlé de ses angoisses patriotiques après Sadowa, fût resté premier ministre, nos désastres de 1870 et 1871 eussent pu être évités.

Ce qui est certain, c'est qu'un homme comme le général Cavaignac, décidé à sacrifier même son honneur à la France, n'eût point déclaré la guerre à la Prusse, alors que la victoire de la Prusse était certaine, même si la Prusse nous avait provoqués, et c'est la France qui a provoqué la Prusse.

Tous les députés, tous les sénateurs auraient dû voir la situation comme la voyaient tous les hommes éclairés en Angleterre et certains en France, s'ils s'étaient préoccupés avant tout de bien remplir le mandat d'intérêt national qui leur avait été confié, et s'il avaient pris moins de souci de leurs intérêts personnels, si les députés s'étaient toujours montrés résolus à courir le risque de ne pas être réélus pour faire leur devoir.

XIX

Il est fort triste que l'Assemblée nationale, affolée par des terreurs injustifiables, ait voulu retirer par 360 voix contre 344, le 24 mai 1873, les pouvoirs qu'il exerçait comme président de la République à un citoyen aussi éclairé que M. Thiers.

Le choix du remplaçant, un général malheureux, mais quand tout le monde en France a été malheureux, qui jouit d'une réputation d'honnête homme incontestable, ne suffira pas pour consoler la France de la perte qu'elle vient de faire.

Il est fâcheux que M. Thiers n'ait pas eu, comme président, les mêmes pouvoirs qu'aux Etats-Unis, où le Président, le Sénat, l'Assemblée des représentants se meuvent chacun dans le cercle qui leur est tracé par la loi, et sont forcés de vivre ensemble ainsi pendant le temps qui est assigné à leur existence par la Constitution, à moins qu'une majorité des deux tiers dans un Sénat (composé, en 1869, de 74 membres) ne dépose le Président sur la demande des deux tiers d'une Assemblée de représentants (composée de 243 membres, en 1869 aussi).

On sait qu'en 1867, les députés des États-Unis avaient demandé, à la majorité de plus des deux tiers des voix, la destitution du président André Johnston et qu'ils ne purent l'obtenir du Sénat, faute d'une ou deux voix.

C'est par de semblables institutions qu'on obtient, dans les Etats démocratiques, la stabilité qui est nécessaire à tous les gouvernements, et qu'on évite de céder aux entraînements du moment; car la politique, comme toutes les passions, est aveugle et injuste. On ne saurait exiger une trop forte majorité pour déposer l'homme que le pays a cru devoir appeler à la première des dignités électives. Il ne suffit pas de l'accuser de crimes imaginaires, comme la politique sait trop en inventer. Le 24 mai 1873, il eût fallu s'inspirer en France des exemples du gouvernement des États-Unis plus que de ceux de l'Angleterre.

XX

Depuis 1789, la monarchie est condamnée en France : quatre fois la monarchie héréditaire a été établie, sous le nom d'empire ou sous le nom de royauté, et quatre fois elle a été renversée.

On pourrait même dire qu'elle a été renversée six fois, la même année 1815 ayant vu l'Empire renverser Louis XVIII et reparaître pendant cent jours pour retomber d'une chute plus profonde.

Il y a trop d'intelligence et trop d'ignorance à la fois, trop d'intérêts à satisfaire ; le sentiment du devoir est trop faible, le dévouement aux intérêts généraux, à la patrie, trop rare partout pour qu'on supporte longtemps les mêmes gouvernants en France.

Quand le principe de la légitimité est admis par les peuples, il peut leur assurer le repos intérieur ; on pourra le relever encore dans la loi, on ne pourra jamais le rétablir dans les esprits en France. Quant à la famille d'Orléans, à la famille Bonaparte, ce n'est que par des outrages à la morale, ce n'est que par le concours d'ambitieux, dont l'histoire a montré l'égoïsme et la fourberie, qu'elles ont préparé et maintenu quelque temps leur règne.

La République est impersonnelle ; il ne peut y avoir, entre les partisans des divers systèmes, ces haines violentes qui divisent, non sans motifs sérieux, les partisans de la légitimité de ceux des d'Orléans, les orléanistes et les bonapartistes.

Sans M. Thiers comme avec M. Thiers, on sera forcé de reconnaître que la République est le gouvernement qui nous divise le moins, le seul logique en France, aujourd'hui ; qu'il peut seul réunir tous les hommes d'ordre, qu'il est possible, en s'inspirant de l'histoire, de l'expérience et du bon sens, de donner assez de stabilité à ce gouvernement pour qu'il puisse résister efficacement aux dangers qui pourraient venir de l'extérieur, tout en donnant, à l'intérieur, toute satisfaction aux besoins et aux aspirations légitimes qui pourraient se produire dans une société profondément démocratique.

XXI

C'est aux États-Unis surtout, puisque là est une société démocratique comme la nôtre où la République prospère depuis un siècle, que les hommes de bonne volonté peuvent chercher des institutions qui permettront de faire un essai loyal de la République en France. Un ingénieur qui a sous les yeux une bonne machine, et qui veut en faire une meilleure, ne doit rien y changer que pour faire mieux encore incontestablement ; il en est à cet égard des choses de la politique comme de celles de l'industrie.

Il est vrai qu'il n'y a pas dix ans encore, la République des États-Unis a été troublée par la guerre civile la plus gigantesque que le monde ait vue. Mais cette fois, la guerre ne s'est pas bornée à faire des ruines et des victimes : elle a permis de rendre à la liberté, en leur restituant leurs droits à la famille et à la propriété, QUATRE MILLIONS DE NÈGRES ESCLAVES.

Sans cette guerre, le monde aurait encore vu longtemps des troupeaux d'hommes traités comme un vil bétail, vendus, échangés au gré des passions et des intérêts d'un maître, au mépris de la morale de l'Évangile, que notre civilisation méconnaît trop souvent et qui lui a inspiré ses principes.

XXII

Si l'on veut faire un essai loyal de la République, et ce ne sont pas les Constituants de 1848, — quoiqu'on eût eu le tort de leur faire acclamer la République, en mai 1848, d'une manière plus ou moins volontaire, en dehors de leur Palais, le jour même où ils se réunirent pour la première fois à Paris, devant quelques milliers d'hommes qui connaissaient mieux leurs désirs que leurs devoirs en cette circonstance, — ce ne sont pas les Constituants de 1848, c'est la France tout entière, au 10 décembre 1848, qui a empêché cet essai loyal d'avoir lieu ;

Si l'on veut faire un essai loyal de la République en ce moment, il faut nous inspirer des institutions qui ont donné cent ans de liberté, de prospérité et de grandeur aux Etats-Unis du Nord de l'Amérique, et ne rien changer, en nous les appliquant, que dans un intérêt général bien évident.

XXIII

Il n'est pas besoin d'une grande perspicacité pour voir que l'idée d'une Assemblée unique, se renouvelant en une seule fois, nommant et révoquant le chef du pouvoir exécutif, pour être une idée française, n'en est pas moins l'idée la plus déplorable pour la stabilité du gouvernement qu'on puisse imaginer.

C'est vouloir, au milieu d'États qui, comme la Prusse, poursuivent pendant un siècle et plus la même idée, et une idée de conquête, la plus dangereuse pour les peuples voisins, que tout soit remis en question à chaque instant, hommes et choses.

C'est vouloir trop donner d'omnipotence à l'Assemblée élue, et aux électeurs, le jour du renouvellement de l'Assemblée.

S'il n'est point bon pour un homme, pour un roi, de trop croire à sa souveraineté, c'est-à-dire à la légitimité de ses caprices, ce n'est point bon pour une collection d'hommes, dont chacun, député ou électeur, a un mandat à remplir et doit obéir avant tout à sa conscience et aux devoirs qu'elle lui impose dans l'intérêt de tous.

Appliqué en 1848, ce système, il est vrai, eût empêché l'élection de Louis-Napoléon Bonaparte ; mais il n'eût pas tardé à démoraliser la France, les ministres continuant à être pris dans l'Assemblée en la faisant assister, par la nature même des choses, à des curées scandaleuses de places, à des changements continuels de ministres, incapables plus que jamais de bien administrer, alors que tout leur talent doit se borner à exercer, surtout par la parole, une grande influence sur un certain nombre de leurs collègues.

XXIV

Avec le scrutin de liste, qui appelle tous les électeurs d'un département à voter forcément pour une collection de députés, dont souvent ils ne connaissent pas bien, même un seul, le mal serait encore aggravé.

Avec le scrutin par circonscription, ayant à nommer un député unique, l'électeur peut savoir à qui il a affaire : il peut choisir l'homme qui, par sa probité, son intelligence, son dévouement, lui semble le mieux mériter d'être son mandataire. Après une première élection, il s'établit entre les électeurs et l'élu des liens de sympathie et de solidarité que le temps ne fait que confirmer, si l'élu est digne de son mandat.

Sans doute, dans les grandes villes surtout, un homme sans valeur qui saura, dans un club, amuser ou émouvoir un jour les masses (qui ne sont pas arrivées à comprendre encore qu'il ne suffit pas de parler, qu'il faut en outre réunir un grand nombre de connaissances et le dévouement, pour les appliquer aux affaires publiques) pourra quelquefois l'emporter sur un homme de bien et de savoir. Mais avec le scrutin de circonscription, ce sera un fait isolé, qu'une prompte expérience corrigera, et l'on s'habituera, en France aussi, à tenir plus de compte d'une vie de dévouement que d'un succès de quelques heures sur un théâtre de circonstance.

Avec le scrutin de liste, au contraire, aucun lien n'est possible entre les électeurs et les élus, également trop nombreux.

La faveur ou la défaveur qui s'attachent à un nom peuvent faire passer ou rejeter une liste entière de candidats également choisis par le hasard et l'intrigue.

Quelle nation pourrait résister longtemps à un régime où tout, dans le gouvernement, dépendrait d'une Chambre unique, renouvelée au scrutin de liste partout à la fois?

Qu'on n'invoque pas surtout la transmission

pacifique du pouvoir de l'homme le plus intelligent de France au maréchal Mac-Mahon ! N'est-ce-pas déjà quelque chose, dans le pays du 18 brumaire et du 2 décembre, que d'avoir cru devoir appeler un des chefs de l'armée à succéder à un homme tel que M. Thiers ?

XXV

Je sais bien que ce système a des partisans nombreux. Par l'association des intérêts privés, les frais matériels de l'élection sont moins coûteux; dans un scrutin de circonscription, où un seul, celui qu'on croit le plus digne, est à nommer, il y a un grand nombre de candidats impossibles.

Avec le scrutin de liste, au contraire, il n'y a personne qui ne puisse espérer être nommé : il suffit pour cela d'être mis sur la liste qui renferme le nom le plus populaire présenté aux suffrages; c'est par ce nom-là seulement que les autres candidats ont de la valeur.

Si tous peuvent espérer être nommés avec le scrutin de liste, tous aussi peuvent espérer, avec une Assemblée unique, être à leur tour, comme sous la Convention, ne fût-ce qu'un jour, à la tête de la nation. Il y a plus, si l'on persiste, contrairement à la logique, à admettre que le Président d'une République démocratique, l'homme qu'on doit croire le plus capable de gouverner la nation, doit n'avoir d'autre soin que d'appeler l'homme le plus influent à un jour donné, dans une Assemblée unique, à choisir ceux qui doivent comme ministres se partager le pouvoir, si le Président n'est qu'un roi électif, le membre le moins capable de l'Assemblée suffira peut-être le mieux à la tâche.

Et puis, avec le scrutin de liste, suivant les lieux et suivant les temps, toús les partis peuvent satisfaire leurs passions.

Avec le scrutin par circonscription, aujourd'hui les Bouches-du-Rhône et le Rhône compteraient des circonscriptions rurales qui nommeraient un représentant légitimiste.

Avec le scrutin de liste, le Rhône, les Bouches-du-Rhône ne pourraient envoyer qu'une députation toute républicaine.

L'inverse aurait lieu dans le département de Maine-et-Loire. Le scrutin de liste y choisira une liste toute monarchique; avec le scrutin de circonscription, la ville d'Angers, les environs d'Angers nommeraient un ou deux députés républicains.

Assurément, il n'y a rien de plus juste que de voir toutes les opinions qui se partagent un grand pays représentées dans les conseils de la nation dans la proportion de leurs adhérents. Il y a plus, il y a des hommes, comme M. Thiers, d'une valeur telle que leur absence des conseils de la nation, quel que soit le gouvernement, serait une sorte de calamité publique.

Mais la justice est-elle écoutée souvent en politique?

On se plaint du défaut d'instruction des électeurs; je défie l'homme le plus instruit du monde, à Paris où les capacités ne manquent pas, de trouver, comme en 1871, les quarante-deux représentants les plus dignes d'être choisis. S'il n'y a qu'un seul candidat à nommer, un peu de bon sens suffira bien vite pour indiquer le meilleur à chacun.

L'Assemblée nationale actuelle a pensé, et je

suis de son avis, qu'il ne suffisait pas de partager
-Paris en vingt circonscriptions, et Lyon en six
circonscriptions, pour les élections municipales.

Elle a partagé Paris en quatre-vingts et Lyon
en trente-six circonscriptions, nommant chacune
un conseiller municipal.

Aucune loi ne pouvait mieux permettre aux
électeurs de faire des choix éclairés, et Lyon a
déjà profité grandement, quoi qu'on puisse pré-
tendre, de ce changement, qui a forcé les radi-
caux, pour ne pas être battus dans les élections,
à choisir des candidats bien plus intelligents, bien
plus considérés que dans les élections avec le
scrutin de liste.

Si l'Assemblée adopte d'autres principes pour
l'élection des représentants, il sera bien difficile
d'arriver à expliquer ce changement d'opinion
par d'autres considérations qu'un intérêt de
réélection.

XXVI

Aux États-Unis du Nord de l'Amérique, il y a,
depuis 1789, un Sénat élu pour six ans, qui se
renouvelle par tiers tous les deux ans, un Président élu pour quatre ans, une Chambre des représentants élue pour deux ans.

L'Assemblée des représentants est renouvelée
intégralement tous les deux ans. Il y a autant de
circonscriptions qu'il y a de représentants à nommer, et chaque électeur n'a qu'un nom à mettre
sur son bulletin. L'élection est directe.

Les sénateurs et le Président sont nommés par
des électeurs du second degré; ceux qui choisissent le Président seuls ont un mandat unique
et spécial, borné à cette seule mission.

Les ministres, les ambassadeurs et les principaux fonctionnaires sont nommés par le Président; mais leur choix est soumis à l'approbation du Sénat. Aucun fonctionnaire des États-Unis, grand ou petit, ne peut faire partie du Sénat ou de l'Assemblée des représentants.

Les deux Assemblées ayant pour mission de faire les lois et de contrôler le Président, on n'aurait jamais pu comprendre dans ce pays qu'on puisse être à la fois ministre du pouvoir exécutif et chargé de contrôler le pouvoir exécutif comme sénateur ou représentant, comment on pourrait remplir ses devoirs, étant à la fois ambassadeur à Vienne ou à Londres et sénateur ou représentant à Washington.

Ce système, qu'on finira par comprendre aussi un jour dans la vieille Europe, en permettant de choisir les ministres uniquement pour leur talent d'administrateur, en ne permettant point aux membres du Sénat et de la Chambre des représentants de contrôler le pouvoir exécutif dans un autre intérêt que l'intérêt général, a de grands avantages pour la moralité et la stabilité du gouvernement.

De 1789 à 1869, en quatre-vingts ans, les États-Unis ont eu dix-sept Présidents différents, dont trois sont morts dans l'exercice de leurs fonctions, et vingt-cinq ministres d'État.

Dans le même espace de temps, on trouve en France cinquante-quatre ministres de la marine, sans compter des ministres intérimaires, dont les fonctions se sont plus ou moins prolongées.

En retirant de cette liste sept noms pour les trente-deux années que les Bonaparte ont régné dans cette période, après les coups d'État du 18 brumaire et du 2 décembre 1851, on trouve en France quarante-sept ministres de la marine pour quarante-huit années de gouvernement constitutionnel, royal ou républicain ! Chacun avait une année pour apprendre à administrer et à parler, à parler surtout !

XXVII

Chacun des différents États dont la réunion compose les Etats-Unis du Nord de l'Amérique est représenté d'après sa population dans l'Assemblée des représentants.

En 1869, à un moment où leur population, dont ils font le recensement tous les dix ans, au lieu de le faire tous les cinq ans comme en France, dépassait déjà réellement celle de la France actuelle, il y avait deux cent quarante-trois représentants. Plusieurs États n'avaient qu'une circonscription électorale et un seul représentant au Congrès. L'État de New-York était divisé en trente et une circonscriptions électorales et envoyait trente et un représentants au Congrès : sa population était de plus d'un huitième de la population de l'Union.

Après le coup d'État du 2 décembre 1851, l'Empire avait divisé la France en deux cent soixante et une circonscriptions électorales.

L'Algérie et les trois colonies qui peuvent mériter par leur population un représentant, la Martinique, la Guadeloupe et la Réunion, n'étaient pas représentées dans l'Assemblée législative ; Nice et la Savoie, qui pouvaient avoir droit à cinq représentants, ne faisaient pas partie de la France ; mais la perte de l'Alsace et de la Lorraine, dont la population dépasse du double la population de Nice et de la Savoie, a été la conséquence de la guerre funeste de 1870-1871.

J'estime que deux cent cinquante représentants environ suffiraient à la France, y compris six représentants pour l'Algérie et nos colonies.

Je ne me dissimule pas que l'Assemblée actuelle compte sept cent cinquante membres.

En adoptant ce chiffre, elle condamnerait au moins les deux tiers de ses membres à ne pas être réélus.

Néanmoins, je persiste à croire que deux cent cinquante représentants pourraient suffire à tous les besoins de la France. Les Assemblées trop nombreuses préfèrent l'agitation au travail; elles coûtent trop cher d'ailleurs, car on doit payer leurs membres comme aux Etats-Unis pour avoir le droit d'exiger qu'ils ne remplissent pas d'autres fonctions, et permettre aux plus pauvres, s'ils sont les plus capables, de représenter la nation aussi.

XXVIII

Aux États-Unis, le Président, le Sénat, la Représentation nationale ayant des pouvoirs bien définis pour un temps limité, on n'a jamais pensé à permettre au Président de dissoudre le Sénat, dont les membres sont nommés pour un temps plus long que lui, ou la Représentation nationale, qui n'a qu'une durée de deux ans.

En France, accorder au Président, sur l'avis conforme du Sénat, le droit de dissoudre l'Assemblée des représentants serait, en cas de réélection de cette Assemblée, forcer le Président et le Sénat à donner leur démission, comme ne représentant plus la nation.

Ce serait ajouter de nouvelles causes d'agitation et d'instabilité à toutes celles qu'on ne peut éviter dans une République. Aucune République, dans aucun pays, ne pourrait résister longtemps à un régime pareil.

Je sais bien que M. Dufaure, qui a proposé à l'Assemblée nationale d'établir ce droit de dissolution en France, ne se contentait pas de nommer les représentants pour deux ans, comme aux États-Unis ; il proposait de faire nommer la Chambre des représentants pour cinq ans et de la renouveler intégralement tous les cinq ans.

Je crois qu'il vaut mieux nommer l'Assemblée des représentants pour deux ans, comme aux Etats-Unis ; mais si, dans un intérêt de stabilité, on veut lui donner la même durée qu'au Président, quatre ou cinq ans, il faut renouveler cette Assemblée par quart ou par cinquième tous les ans, dans un intérêt de stabilité réel, afin de permettre constamment au Président, comme à tout le monde, d'apercevoir les mouvements de de l'opinion, de s'en éclairer et de l'éclairer à son tour.

XXIX

Ces idées de dissolution sont un héritage des monarchies dont les meilleurs auront bien du mal à se débarrasser. Dans une République, où le Président et les Assemblées ne sont nommés que pour un temps, il n'est pas besoin de recourir à une dissolution.

Même dans une monarchie héréditaire, où il semble qu'en cas de désaccord entre la monarchie et une Assemblée, on peut rétablir l'accord par un appel aux électeurs pour renouveler l'Assemblée, on peut aggraver le mal en essayant de le conjurer.

En 1830, à une époque où on avait cru devoir renoncer au renouvellement partiel, si sage, cependant, de la Chambre des députés, les électeurs ont renvoyé une Chambre plus hostile encore à la dynastie qui a été renversée.

En 1848, la Chambre était plus favorable que jamais à la nouvelle dynastie ; l'absence de renouvellement partiel reculait bien loin les espérances de l'opposition : la nouvelle dynastie a encore été renversée. Dans les deux cas, les membres de la Chambre des députés qui aspiraient au gouvernement ont fait une révolution à l'aide de la portion la plus remuante de Paris.

L'Empire eut raison d'appliquer au Corps législatif ce principe si vrai qu'on ne peut charger un ministre ou un fonctionnaire public de contrôler le gouvernement ; mais il eut le tort le plus grave, celui de peser sur les élections de manière à n'avoir qu'une minorité opposante presque imperceptible.

C'est en faisant des cabaretiers, par le décret du 29 décembre 1851, de véritables fonctionnaires publics, continuellement révocables ; en nommant les maires dans les plus petites communes ; en maintenant les sous-préfets, fonctionnaires inutiles, excepté pour les élections, dont l'Italie et la Belgique savent fort bien se passer ; c'est en créant des commissariats de police ruraux pour seconder l'action des sous-préfets, qu'il était arrivé à faire voter partout à sa volonté dans les campagnes.

Il semble même, s'il avait adopté le scrutin de liste, qu'il eût fallu attendre jusqu'à l'année 1863 pour voir entrer le premier député d'opposition au Corps législatif, car jusqu'en 1863 tous les départements sans exception donnèrent une grande majorité aux candidats de l'Empire.

Toutefois, le scrutin de liste a ses mystères, et quoique la minorité nommée des députés de la Seine appartînt seule à l'opposition, en 1852, avec le scrutin de circonscription, il est possible qu'à cette époque le scrutin de liste eût fait passer tout entière dans le département de la Seine la liste qui eût porté le nom du général Cavaignac.

Le décret du 29 décembre 1851 sur les cabarets est resté intact, mais les maires des communes rurales sont nommés par les conseils municipaux. On assure que l'Assemblée, si résolûment décentralisatrice avec M. Thiers, songe à rétablir les moyens d'influence électorale dont l'Empire abusait et à rendre au gouvernement le choix des maires.

Il serait bien à désirer que le gouvernement renonçât à moraliser le commerce des boissons par l'intermédiaire des préfets. L'exécution de la loi du 28 janvier 1873 sur l'ivresse publique et l'alcoolisme devrait avoir pour conséquence de retirer aux préfets le droit de permettre d'ouvrir ou de faire fermer des cabarets. Pour moraliser la profession de cabaretier, il faut le juge et la loi, il n'y faut ni le préfet ni l'arbitraire de la politique.

Si le commerce des boissons était rendu au droit commun, les partis ne tiendraient plus autant, *lorsqu'ils sont au pouvoir*, à nommer les maires des campagnes.

XXX

Si chaque État, aux États-Unis, a dans l'Assemblée des représentants un nombre de manda-

taires proportionnel à sa population, élus directement chacun dans autant de circonscriptions
électorales différentes, chaque Etat, grand ou
petit, nomme également deux sénateurs, qui sont
choisis par la législature de chaque État.

Cet état de choses exceptionnel est la conséquence de la situation où se trouvèrent les
treize colonies qui avaient soutenu la guerre qui
aboutit à la reconnaissance de leur indépendance
par l'Angleterre.

Elles occupaient un territoire quatre fois grand
comme celui de la France actuelle, dont les
différentes parties n'étaient que très imparfai-
tement reliées entre elles avant l'établissement
des chemins de fer. Ce territoire est devenu dix-
huit fois grand comme la France, par suite des
cessions successives consenties par la France,
l'Espagne, le Mexique et la Russie.

Chacune des treize colonies avait un gouvernement complet, même sous l'Angleterre, à
laquelle elles ne firent la guerre que parce que
le Parlement britannique avait voulu les sou-
mettre à des impôts sans le consentement des
Assemblées coloniales.

Il y avait donc treize États distincts, qui for-
mèrent un contrat d'association. La Constitution,
à laquelle deux de ces États n'adhérèrent que
tardivement, malgré cette concession, dut exiger, pour promulguer les lois générales nécessaires à la défense et à la conservation de l'Union,
le consentement de la majorité des États, aussi
bien que celui de la majorité des populations.

La majorité de l'Assemblée des représentants
fait connaître par son vote ce que veut la majorité des populations; la majorité des sénateurs,
deux par État, fait connaître par son vote ce que
veut la majorité des États.

Chaque État, aujourd'hui encore, a son Président, qui s'appelle Gouverneur, son Sénat, son Assemblée législative, ses milices, ses lois, ses juges. Tous ses fonctionnaires sont élus ou choisis, sans aucune intervention du pouvoir central, par des procédés différents dans chaque État particulier, payés comme il convient à chaque État, nommés pour un temps égal ou d'une durée moindre que les fonctionnaires analogues des États-Unis.

Les juges des États-Unis sont appelés à décider dans les contestations d'un État avec un ou plusieurs autres ou avec des citoyens d'un autre État, ou entre des citoyens de différents États, à appliquer les lois générales votées par le Congrès des États-Unis. Les juges des États-Unis sont nommés à vie, gardent leur charge *tant qu'ils se conduisent bien* : c'est l'expression dont se sert la Constitution à leur égard.

XXXI

Il n'y a aucun point de ressemblance entre un des États qui composent aujourd'hui les États-Unis et un département français.

Aux États-Unis, le fonctionnaire qui représente le mieux le préfet d'un département français, le Gouverneur de chaque État particulier, est un citoyen de cet État, astreint, lors de sa nomination, à des conditions d'âge et de résidence variables suivant les différents États, nommé pour quatre ans, dans certains États, comme le Président des États-Unis, nommé dans d'autres pour trois ans, pour deux, ou même pour une seule année, mais toujours nommé par les seuls électeurs de l'État qu'il est appelé à gouverner.

En France, le préfet d'un département est presque toujours étranger au département qu'il administre ; il est nommé par le pouvoir exécutif, qui peut le révoquer ou le déplacer à chaque instant.

Le conseil général ne fait pas de lois. La législature de chaque État fait des lois particulières à cet Etat. Les juges chargés d'appliquer ces lois sont nommés, tantôt par tous les électeurs qui doivent être soumis à leur juridiction, tantôt seulement par ceux d'entre eux qui connaissent les lois, souvent par les Assemblées législatives, quelquefois par le Gouverneur élu, avec ou sans l'approbation du Sénat ; ils sont nommés pour cinq, dix, quinze ans, ou à vie, suivant que le décide la Constitution particulière de chaque Etat, qui les astreint toujours à être, au moment de leur nomination, citoyens de l'État où ils doivent rendre la justice, depuis un nombre d'années assez considérable pour en bien connaître les lois.

En France, les juges de tous les tribunaux sont nommés par le pouvoir central. Les fonctionnaires du département, ceux qui sont payés sur les fonds votés par le conseil général sont nommés et révoqués par le préfet, qui n'est qu'un étranger au département par la manière dont il est nommé.

Il y a plus, avant le 4 septembre 1870, le maire des plus petites communes était nommé par le préfet, qui nomme et révoque encore les cabaretiers, c'est-à-dire ceux qui, dans les communes rurales, peuvent influer le plus sur les élections, surtout avec le scrutin de liste, qui ôte à l'électeur la liberté et la responsabilité de son choix, pour le transférer à des comités, le plus souvent anonymes, et toujours sans responsabilité.

XXXII

Je conviens qu'aux États-Unis la condition d'obtenir la majorité des Etats, aussi bien que la majorité des populations, pour faire une innovation législative, peut arrêter des mesures, bonnes ou mauvaises, que deux Chambres représentant également la population auraient eu moins de chances d'empêcher.

Malgré cela, même aux États-Unis, on est loin de penser qu'il soit bien avantageux que les neuf plus grands États, qui ont plus de la moitié de la population totale de l'Union, n'aient pas même le quart des voix au Sénat. C'est le respect de la Constitution de 1789, à laquelle tout le monde a juré serment de fidélité, qui défend de donner *jamais* à un État une représentation moindre, au Sénat, qu'à un autre, *à moins que cet Etat n'y consente*, qui a conservé et conservera une égalité qui, à l'origine, a été pour beaucoup d'Etats la cause principale qui leur a fait accepter la Constitution de 1789 et l'aliénation d'une partie de leur indépendance.

Mais en France, où le département est une fraction arbitraire de la France, il est difficile d'imaginer, au point de vue de la justice, pourquoi onze départements : Hautes-Alpes, Lozère, Basses-Alpes, Pyrénées-Orientales, Alpes-Maritimes, Tarn-et-Garonne, Cantal, Hautes-Pyrénées, Ariége, Haute-Marne, Aube, qui ont ensemble la même population que le département de la Seine, seraient onze fois mieux représentés au Sénat; pourquoi les huit premiers, qui ont une population égale à celle du département du Nord, seraient huit fois mieux représentés au Sénat.

Est-ce par des mesures pareilles qu'on compte arrêter l'émigration des campagnes vers les villes?

Au point de vue des intérêts, il est possible que les sénateurs de ces départements ne pensent pas comme ceux de la Seine, et c'est peut-être pour cette raison que le même projet qui veut donner trois sénateurs à chacun des départements situés en Europe ne propose d'en attribuer qu'un à chacun des trois départements de l'Algérie, à la Martinique, à la Guadeloupe, à la Réunion, dont les électeurs ont l'habitude de faire des choix analogues à ceux des électeurs de la Seine.

Si le principe de l'égalité de la représentation des départements dans le Sénat devait prévaloir en France, parce qu'il existe aux États-Unis malgré ses inconvénients, mais seulement à cause du respect que ce pays doit à un contrat librement consenti en 1789 par treize États indépendants à l'origine, il faudrait l'appliquer à la Martinique, à la Réunion, à la Guadeloupe, qui sont plus peuplées que les Hautes-Alpes, ainsi qu'aux trois départements de l'Algérie.

M. Dufaure, dans son projet de loi constitutionnelle, ne donne pas de sénateurs à l'Inde française, au Sénégal, à Cayenne, trois colonies d'une population bien faible auxquelles il conserve cependant le représentant que chacune d'elles compte dans l'Assemblée actuelle.

D'autres, plus logiques peut-être, voudront leur donner aussi trois sénateurs, et peut-être trois aussi à la Nouvelle-Calédonie, ainsi qu'à la Cochinchine, qui ne sont pas représentées en ce moment à Versailles.

Si l'Assemblée nationale adoptait ces dispositions diverses comme amendement au projet de M. Dufaure, on aurait onze colonies qui enverraient des sénateurs pensant comme ceux de

Paris, en aussi grand nombre que les onze départements les moins peuplés de la France continentale et pour une population encore moindre.

La disposition de M. Dufaure qui veut prendre l'arrondissement, au lieu du département, pour base de la représentation nationale, et donner également un représentant à l'arrondissement, qu'il ait moins de 16,000 âmes, comme l'arrondissement de Barcelonette, ou qu'il en ait 100,000, a, pour la composition de l'Assemblée des représentants, des inconvénients du même genre que ceux qui résultent, pour la composition du Sénat, de l'attribution de trois sénateurs à chaque département.

M. Dufaure attribue deux, trois, quatre députés aux arrondissements de sous-préfecture qui ont 100,001, — 200,001, — 300,001 habitants et ainsi de suite. Il en résulte que le département de la Seine aurait vingt-quatre représentants à nommer, tandis que les onze départements qui ont une population égale à la sienne en nommeraient trente-huit; le département du Nord en nommerait dix-huit, et les huit départements qui ont la même population vingt-sept.

Enfin le Rhône, qui n'a que deux arrondissements, pour 670,247 âmes, nommerait *sept* représentants, alors que quatre départements qui ont une population moindre, 649,107 habitants (Hautes-Alpes, Lozère, Basses-Alpes, Aube), auraient *seize* représentants !

Le système de l'Empire était bien meilleur; il donnait un député pour 140,000 âmes environ, et le département, au lieu de l'arrondissement, était la base de la représentation; dans l'application, il avait le tort de permettre de fractionner sans nécessité les divers cantons d'une ville qui avait moins de 140,000 âmes en deux circonscriptions ou davantage, afin de faire passer les candidats officiels, en neutralisant les électeurs urbains par des électeurs ruraux, au lieu de laisser la ville et les campagnes choisir séparément leurs candidats. Mais qui peut dire qu'on ne verra pas se reproduire, dans des circonscriptions réglées par une loi, ce qui se voyait fréquemment sous l'Empire dans des circonscriptions électorales réglées par décret?

Le système nouveau de M. Dufaure, outre qu'il multiplie trop le nombre des représentants, fournira de mauvaises raisons plus tard pour empêcher de supprimer, dans des arrondissements où ils sont inutiles aujourd'hui, faute d'affaires, les tribunaux de 1re instance, qu'on n'a jamais songé à établir à Saint-Denis et à Sceaux, ni dans l'arrondissement de Puget-Théniers, que l'Italie nous a rendu sans tribunal; il tend à conserver plus que jamais les sous-préfets, inutiles partout, qui auraient une influence électorale bien plus grande que sous l'Empire, dans des arrondissements microscopiques, n'ayant plus à s'entendre, comme avant le 4 septembre 1870, avec un ou plusieurs autres sous-préfets, dans une circonscription de 140,000 âmes.

Cette multiplication des représentants, en renfermant la circonscription dans l'arrondissement, et non plus dans le département, serait un nouvel abus, pour donner le droit de conserver deux autres abus anciens, pour entretenir vivace la plaie du fonctionnarisme qui ronge la France.

XXXIII

La politique, aussi bien que la justice, conseille de renoncer à ces expédients et de prendre la

population de chaque département pour déter-
miner le nombre des sénateurs aussi bien que
celui des représentants, en accordant un sénateur
au moins à chaque département ; on fixerait la
population minimum qui permettrait à une co-
lonie d'être représentée dans les Assemblées de
la France à 100,000 âmes, ou à un chiffre plus
élevé, comme aux États-Unis.

Les obstacles aux innovations hasardées, on les
trouverait dans les conditions d'âge et de capacité qu'on exigerait des sénateurs, en augmentant
de deux ans, si on veut, en France par rapport aux
États-Unis, la durée des fonctions des sénateurs
et des représentants, en donnant à chaque département autant de sénateurs qu'il renfermerait de
fois 300,000 habitants, en faisant nommer également les sénateurs et les représentants directement et par circonscription.

Il serait très-important que les sénateurs
fussent nommés par circonscription aussi bien
que les représentants, afin que l'électeur n'eût
qu'un nom à choisir, *et surtout qu'on renouvelât
partiellement l'Assemblée des représentants aussi
bien que le Sénat,* si on ne veut pas nommer les
représentants pour deux ans seulement, comme
aux États-Unis.

Avec une Assemblée de représentants élue pour
quatre ans et se renouvelant par quart tous les
ans, un Sénat élu pour huit ans et se renouvelant
par quart aussi tous les deux ans, on peut être
bien sûr que lorsqu'une réforme serait acceptée
par ces deux Assemblées, c'est qu'elle aurait été
reconnue bonne par la nation au moins pendant
six ans : ce ne serait plus une utopie.

On comprendra peut-être que ce système, qui
concilie la stabilité du pouvoir et la mobilité des
opinions, ne rend pas nécessaire de dissoudre

une des deux Assemblées à la demande d'un Président nommé pour quatre ans, qui peut d'ailleurs toujours empêcher une *mauvaise loi de passer*, à moins qu'il n'ait contre lui une majorité de plus des deux tiers des voix dans chacune des deux Assemblées, comme dans la Constitution des Etats-Unis, qu'on doit imiter sur ce point.

XXXIV

Ce qui pousse les habitants les plus misérables des campagnes vers les grandes villes, et de là vers Paris, c'est que l'assistance publique, les grands travaux, tous les avantages de la civilisation manquent dans les campagnes ; il y a des communes dont presque tous les propriétaires sont absents, où des énormes impôts qu'elles paient à l'État il ne revient dans la commune que le modique traitement du curé..

Au lieu de donner trois sénateurs aux départements les moins peuplés, dût-on les payer autant que sous l'Empire, ne vaudrait-il pas mieux, pour arrêter la dépopulation, donner six francs, par exemple, par habitant, pris sur les fonds de de l'État, pour favoriser l'assistance cantonale ou communale, une somme égale par tête dans les communes riches et dans les communes pauvres ?

Il est clair que c'est dans les contrées les plus malheureuses que ce secours ferait le plus de bien et contribuerait le plus à y retenir les habitants.

Ce système a été proposé avant 1870, à une époque où l'on pensait, à l'exemple de la Belgique, à supprimer les octrois en France par des moyens plus utiles à l'humanité que ceux qui ont été employés en Belgique. La guerre malheureuse qui nous a imposé le paiement annuel de 500 millions d'impôts de plus ne permet plus de penser à supprimer les octrois des villes; on pourrait peut-être encore penser à arriver à consacrer jusqu'à 220 millions par an, pris sur le budget général de l'État, à secourir également la misère partout.

XXXV

Il y a en France deux partis extrêmes bien différents d'opinion. L'un, composé d'hommes qui désirent conserver la fortune et les avantages qu'ils ont acquis par leur naissance ou par leur travail et qui ne se préoccupent pas assez des souffrances de ceux qui ont été moins favorisés qu'eux : la majorité de ces hommes est prête, ainsi qu'on l'a vu après le coup d'État du 2 décembre 1851, à approuver la dictature et les violences dans l'intérêt de l'ordre et du maintien de ce qui existe. L'autre parti se compose d'hommes qui souffrent par leur faute ou par celle des autres et veulent changer, même par la violence aussi, un état social qui n'a pu satisfaire leurs aspirations, sans se préoccuper si ces changements satisferaient à la justice, si le nouvel état social qu'ils rêvent n'amènerait pas la France à ne pouvoir nourrir, et bien mal nourrir encore, qu'une population de beaucoup inférieure à celle qui l'habite aujourd'hui. C'est par la peur qu'on agit sur le premier parti; ce sont des convoitises irréalisables qui font naître le second.

Assurément, la société n'est pas parfaite; mais il ne faut pas se le dissimuler, tout homme qui a de l'intelligence et de la santé peut, avec du travail et une bonne conduite, s'y faire sa place !

Il n'y a aucun état social qui puisse faire qu'un homme qui consomme au cabaret des gains, souvent considérables, à mesure qu'ils lui viennent, qui n'a que des passions égoïstes et sensuelles à satisfaire, ne laisse pas sa femme et ses enfants dans la misère.

L'exemple des animaux prouve que les qualités et les défauts de race peuvent se transmettre et se perfectionner. Il en est de même dans l'humanité, où les qualités, les maladies physiques et morales se transmettent avec le sang. Le fils d'un ivrogne et d'un débauché aura les mêmes vices, les mêmes infirmités que son père, aggravées nécessairement par la mauvaise conduite de son père, même avant sa naissance, par ses mauvais exemples après ; et ce que je dis du père est vrai aussi de la mère, évidemment.

Le fils d'un homme paresseux, violent et débauché, élevé par son père, vaudra encore moins moralement et physiquement ; le fils d'un homme qui aime le travail, la justice, dont les mœurs commandent le respect, sera meilleur encore que son père et occupera une meilleure position dans la société.

Il n'est pas rare de voir, dans les grandes villes, un fils, excellent ouvrier, vivre dans l'ivrognerie et laisser sa mère mourir de faim. Une autre mère, à côté de celle-là, n'a qu'une fille, dont le travail est moins bien payé : cette mère vit heureuse, grâce au travail et à la sobriété de sa fille, *qui croit avoir des* DEVOIRS *à remplir envers sa mère et les remplit ;* le fils de l'autre mère n'a que des appétits, n'a pas d'autre religion que l'égoïsme.

XXXVI

Ce qui précède suffit à faire comprendre que la société serait plus qu'à moitié réformée si l'on réformait en France les individus qui la composent, en leur apprenant *qu'ils ont des devoirs à remplir partout où ils ont des droits à exercer*, en leur apprenant à ne vouloir rien attendre de la violence et des passions brutales, quelle que soit leur position sociale, quelle que soit leur opinion politique, à ne rien demander qu'à la justice et au travail, à penser d'abord à se moraliser eux-mêmes avant de réformer l'Etat, au profit certain de leurs femmes et de leur postérité, et au profit de tous les autres hommes, envers lesquels nous avons aussi des devoirs à remplir. C'est une recommandation que nous avons tous à nous adresser, à nous-mêmes d'abord, et aux autres ensuite.

XXXVII

Il n'y a pas deux morales, l'une pour la vie publique, l'autre pour la vie privée.

Ils avaient oublié ce principe, les magistrats de la cour d'Aix et d'un assez grand nombre de tribunaux, cet évêque qui, sans attendre le plébiscite du 20 décembre 1851, félicitaient le crime qui avait triomphé dans Paris le 2 décembre 1851.

Quoi d'étonnant, après cela, qu'une autre couche sociale ait cru s'assurer le gouvernement, par le succès d'un coup de main dans Paris, le 18 mars 1871, sous les yeux des Prussiens encore maîtres de plus de la moitié des forts qui dominent Paris ?

Quels tristes enseignements politiques Paris avait reçus avant ce jour-là, et qui ne pouvaient encore être oubliés !

En 1830, deux cent vingt et un députés, qui avaient prêté serment, eux et les électeurs qui les avaient nommés, à la Charte qui proclamait la personne du roi inviolable et sacrée, ont cru pouvoir faire un nouveau roi et une nouvelle Charte ; ils ont porté le nombre des électeurs de moins de deux cent mille à moins de trois cent mille !

Ils ont fait tous ces changements avec un cœur léger pour conserver le gouvernement qui était tombé entre leurs mains ; la majorité de la France, si elle avait été consultée, n'aurait probablement point nommé roi le duc d'Orléans.

En 1848, on abolit le serment, sans doute parce que ceux qui avaient pris le pouvoir après avoir renversé Louis-Philippe étaient un peu gênés par le souvenir de l'avoir prêté ; on proclama le suffrage universel, qu'on ne consulta pas, et qui, en février 1848, n'aurait pas ratifié probablement la victoire de l'émeute à Paris.

On réserve le serment pour le seul Président de la République ; on admet, ce qui est faux, que les électeurs sont souverains, comme si tout droit n'imposait pas un devoir, comme si, d'ailleurs, il n'y avait pas d'autres fonctionnaires que le Président de la République, comme si ces mandataires n'avaient pas aussi des devoirs à remplir.

Placé sur le trône, à la suite du crime de Décembre, Louis-Napoléon Bonaparte impose le serment à tous les fonctionnaires. Seul il s'en exempte : il avait si bien rempli celui qu'il avait prêté ! Cet héritier du premier Bonaparte organise la défaite d'une manière si admirable que, dans une lutte de six mois, plus de quatre cent mille Français sont conduits prisonniers en Allemagne ou poussés en Suisse et en Belgique, sept mille deux cent trente-quatre bouches à feu tombent entre les mains des Prussiens, dont deux mille deux cent seize avec nos armées vaincues, le reste avec nos forteresses rendues.

En regard de ce matériel immense, la France peut opposer trois canons de campagne pris, deux à Coulmiers sur les Bavarois, un à Etrépagny sur les Saxons ! Ajoutons six canons pris à Gravelotte, restés avec Metz à la Prusse.

Tâchons de ne pas oublier ces souvenirs, si nous voulons empêcher le retour de pareilles catastrophes.

N'oublions pas que tous nous avons les droits des autres à respecter et des devoirs à remplir ; que des serments nous rappellent bien nos devoirs à tous, dans toutes les positions, et faisons qu'on puisse enfin croire partout à nos serments, en haut et en bas.

L'armée a deux fois, en Brumaire et en Décembre, manqué à sa haute mission.

J'ai plus d'horreur pour les révolutions faites par l'armée que pour celles qui sont faites par une poignée des hommes les moins intelligents et les moins moraux de France, conduits à Paris par les séductions de la grande ville.

. Ceux-là, on sait ce qu'ils valent et ce qu'on peut en attendre.

Mais l'armée, c'est l'élite de la nation; ses officiers sont des hommes qui acceptent des traitements modestes, qui font abnégation de leur volonté, toujours prêts à donner leur vie pour protéger la France contre les ennemis du dedans et du dehors ; c'est là leur devoir, c'est là leur honneur.

Le jour où ils trahissent cette glorieuse mission pour acquérir des grades et des décorations, ils se placent au-dessous des derniers émeutiers de la rue, qui, au moins, n'avaient promis aucun dévouement.

Si j'étais matérialiste, Leipsick et Waterloo venus après Brumaire, Sédan après Décembre me prouveraient l'existence d'un Dieu, en me montrant l'expiation après le crime, pour les nations aussi bien que pour les individus.

Il y a des personnes qui se disent chrétiennes et qui ont de moins bonnes mœurs que des libres penseurs, comme il y en a un certain nombre, qui méritent le respect malgré leurs croyances désastreuses. Il y a de ces prétendus chrétiens qui appelleraient un troisième crime militaire, après Brumaire et Décembre, pour ne pas être troublés par la crainte d'un état de choses qui pourrait amener des améliorations qui les gêneraient un peu ; car il n'arrive presque jamais de bien, dans une société, qui ne fasse quelque mal à quelques-uns.

Si leurs vœux se réalisaient, le vautour de la Prusse est là, attendant le moment de faire disparaître le cadavre d'une nation.

XXXVIII

Depuis 1789, il n'y a eu de grand, il n'y a eu de réel chez nos hommes politiques, en France, que leur ambition ; les vertus patriotiques ont été l'apanage du petit nombre. Juillet 1830 et Décembre 1851 ont surtout démoralisé la France et encouragé les révolutions en montrant le crime triomphant assis sur le trône et régnant au profit de ses complices.

En présence de la coalition d'intérêts personnels qui renversa M. Molé, sous le règne de Louis-Philippe, le *Journal des Débats* assurait justement à un des intérêts qui avaient triomphé, et qui vit encore, qu'il pourrait avoir son appui, qu'il n'aurait jamais son estime.

Que dire de cette coalition d'hommes de toutes les opinions, au 24 mai 1873, légitimistes, orléanistes, bonapartistes, auxquels se joignent une quinzaine de républicains qui déclarent d'abord qu'ils ne veulent pas renverser M. Thiers, puis, lorsqu'une première épreuve a montré qu'ils pouvaient assurer la majorité, le jour même s'empressent d'accepter sa démission ?

Sans doute tous ces quinze républicains n'ont pas été nommés ministres ou ambassadeurs : mais n'est-il pas permis de croire que cette coalition, qui a ôté le pouvoir à l'homme le plus digne de l'exercer en France, n'aurait jamais pu se former si aucun fonctionnaire, ministre ou autre, comme aux États-Unis, n'avait pu faire partie de l'Assemblée nationale, ou même si, dans l'Assemblée nationale actuelle comme en Angleterre et comme sous Louis-Philippe, tout député nommé ministre ou fonctionnaire public avait eu à affronter les dangers d'une réélection ?

XXXIX

A Dieu ne plaise que je ne veuille pas reconnaître le mérite dont l'Assemblée nationale a fait preuve dans d'autres circonstances en cédant à l'opinion de M. Thiers, même sur des points où elle ne lui cédait qu'avec beaucoup de regret et où elle avait peut-être raison contre lui. Mais pourquoi le désir des portefeuilles a-t-il arrêté trop tôt l'effet de ces bonnes intentions, qui avaient eu, pendant deux ans, pour résultat de maintenir au pouvoir, malgré quelques dissidences de détail, l'homme le plus intelligent de France, le plus capable de concilier, dans des sentiments de patriotisme commun, les hommes de toutes les opinions assez éclairés pour comprendre que tous les partis ont des torts, et qu'aucune société ne peut exister sans ordre et sans sécurité?

Je ne prétends pas que notre nation, inférieure sur beaucoup de points à d'autres, ne leur soit pas supérieure aussi à quelques points de vue. Moins éloquentes que les Assemblées de l'Espagne, les Assemblées françaises ont au moins jusqu'ici, mais à un degré moindre qu'en Angleterre, eu le mérite plus appréciable de voter des impôts proportionnels aux charges qui pèsent sur la France. Puissent-elles toujours sur ce point sacrifier leur popularité à leurs devoirs!

Mais ne perdons jamais de vue que ce sont les actions et non les paroles qui font les grands peuples. Athènes et Rome allaient perdre leur liberté quand Démosthènes et Cicéron ont brillé d'une éloquence qui n'a point encore été surpassée. Quelles luttes éclatantes aussi entre les Grecs de Constantinople pour savoir si la lumière du Thabor était *créée* ou *incréée*, quand les Turcs allaient prendre Constantinople?

Qui agit toujours bien n'a pas besoin de savoir si bien parler. C'est le besoin de faire absoudre des intrigues, des défaillances morales coupables qui rend nécessaires les grands orateurs.

La vérité, le patriotisme, l'amour désintéressé du bien n'ont pas besoin de tant d'éloquence.

XL

Laissons aux Anglais, chez lesquels aucun député n'est payé et a quelquefois besoin de dépenser des centaines de mille francs de frais d'élection pour se faire nommer, les bénéfices du système parlementaire, où l'aristocratie gouverne sous le nom d'un roi ou d'une reine. Nous ne pouvons pas plus les imiter sur ce point, sans danger, qu'il ne nous serait loisible, à nous qui ne sommes pas dans une île, qui n'avons pas une flotte puissante pour empêcher d'y arriver, de nous borner à admettre dans notre armée active les volontaires que leurs seuls goûts militaires y enverraient, au risque de n'avoir guère plus de cent mille hommes sous les drapeaux comme en Angleterre.

XLI

Comme aux États-Unis, faisons des institutions qui nous donnent des hommes. N'exagérons pas nos défauts naturels, en appelant éventuellement les mêmes hommes à la fois à contrôler ceux qui gouvernent, et à gouverner.

Trouverait-on bon aussi que le préfet et les principaux fonctionnaires du département fussent nommés en France par le conseil général et pris dans son sein ?

On admet en France et aux États-Unis que ce n'est pas une grande fortune et le désir de la dépenser au service du pays qui doit faire entrer, comme en Angleterre, dans les Chambres législatives. On donne un salaire, c'est le mot des Etats-Unis, aux représentants du peuple dans les deux pays, afin que tous, riches ou pauvres, puissent être également appelés par leurs vertus, leurs talents et la confiance de leurs concitoyens, qui ne choisissent que les plus dignes, comme c'est leur devoir, à représenter la nation !

Souvenons-nous en même temps, comme aux États-Unis, que toute fonction, pour honorer réellement celui qui la remplit, doit être remplie seule, afin d'être bien remplie, et qu'elle est donnée pour l'utilité générale, non pour satisfaire l'intérêt ou l'amour-propre du fonctionnaire.

Cessons de donner le scandale d'un député qui est en même temps ambassadeur et conseiller général d'un département.

S'il faut des conseillers généraux, il faut qu'ils puissent siéger aussi quand les Assemblées nationales sont réunies !

S'il faut des ambassadeurs, il faut qu'ils restent à leur poste à l'étranger, qu'ils soient remplacés à Versailles et dans les conseils généraux !

Que les députés, que les sénateurs s'occupent exclusivement de leur mandat ; qu'ils fassent des lois, qu'ils veillent à l'exécution des lois, qu'on ne voie parmi eux aucun fonctionnaire exposé à être ou trop complaisant s'il désire avancer, ou trop opposant s'il se préoccupe de sa dignité plus que de son avancement. Que les fonctionnaires restent à leur poste, à un poste qu'ils ont sollicité et obtenu, afin que tout le monde, à leur exemple, reste à sa place.

Que, surtout, les ministres, comme aux États-Unis, ne puissent faire partie des Assemblées législatives, si l'on veut que les ministres soient des hommes d'action et de prévoyance, de bons administrateurs et non des orateurs médiocres ; si l'on veut qu'ils restent, comme aux Etats-Unis, assez de temps aux affaires pour réaliser de bonnes idées, s'ils sont capables d'en avoir, et que le ministre de la coalition d'hier ne soit pas exposé sans cesse, en France, à être renversé par la coalition de demain.

XLII

Si l'on admet ces idées, on sera conduit à adopter aussi pour la France un Sénat et une Chambre des représentants ayant des attributions analogues à celles des deux Chambres des États-Unis, pouvant réellement destituer, sous un prétexte légal plus ou moins vrai, mais à une majorité dépassant les deux tiers des voix, dans chacune des deux Chambres, comme aux États-Unis, le Président de la République.

En ce qui concerne la nomination du Président, qui est faite aux États-Unis par des électeurs du second degré, je ne vois aucun avantage à conserver ce système et à ne pas avoir recours au suffrage universel direct, malgré l'expérience de 1848.

En effet, les électeurs présidentiels (dont aucun ne peut être sénateur, ou député, ou fonctionnaire, aux États-Unis) se donnent ou acceptent un mandat impératif *public*, de telle sorte qu'après leur élection, on sait combien chacun des candidats à la Présidence aura de voix, avant que ces voix aient été données.

Ce mandat impératif est dans la nature des choses ; chaque électeur du premier degré sait quel Président il désire avoir, et veut nommer, pour voter à sa place, un électeur du second degré ayant les mêmes désirs que lui.

Le système des États-Unis, appliqué en France en 1848, n'eût donc pas empêché nécessairement la nomination de L.-N. Bonaparte à la Présidence de la République.

Pour empêcher le retour d'un malheur pareil, il faut qu'un article de la loi constitutionnelle décide qu'aucun membre d'une famille ayant régné en France ne pourra être élu président de la République, pendant un siècle à partir de sa date.

Si l'on n'en vient pas à n'admettre dans toutes les élections que des bulletins écrits à la main, il faudra, dans la même loi, frapper de peines sévères les imprimeurs et les distributeurs de bulletins illégaux.

Qui pourra se plaindre que les membres de familles qui ont été placées longtemps au-dessus de l'humanité ne puissent, transitoirement, aspirer à la première dignité élective en France, après que trop de confiance dans les princes nous a valu et le 2 Décembre et Sedan ?

Je ne verrais aucun inconvénient à ce que le Président, élu pour quatre ans, comme aux États-Unis, pût être réélu, comme cela est possible constitutionnellement aux États-Unis, autant de fois qu'il plairait aux électeurs.

M. Dufaure a proposé de faire nommer le Président de la République par les huit cent deux sénateurs ou représentants dont il veut doter la France, en leur adjoignant deux cent soixante-sept conseillers généraux choisis par leurs collègues.

Le système des États-Unis, ou la nomination directe par le suffrage universel, me semble préférable dans un gouvernement qui veut éviter la confusion des pouvoirs. Aux États-Unis, le président Johnston, qui n'était coupable que de vouloir la conciliation du Nord et du Sud plus que la majorité du Sénat et de la Chambre des représentants ne la voulait alors, a failli être destitué par une majorité de plus des deux tiers dans chacune de ces Assemblées. Il l'eût été si les deux Chambres avaient pu nommer un Président qui eût pris les ministres dans leur sein. Il y a eu vingt-deux élections présidentielles aux États-Unis. Vingt fois un des candidats a obtenu la majorité absolue des électeurs spéciaux et a été élu président des États-Unis par leur vote.

Deux fois, en 1797 et en 1829, les deux Adams ne purent obtenir la majorité des électeurs spéciaux et furent élus par la Chambre des représentants, qui avait le droit de choisir le Président parmi les cinq candidats qui avaient obtenu le plus de voix.

Mais dans ce cas, c'est la majorité des États qui élit le Président, et les trente-deux voix de New-York ne compteraient pas plus aujourd'hui que la voix du représentant unique de l'État de Delaware.

Évidemment, il n'y a pas lieu d'imiter jamais cette disposition en France, où les départements sont des fractions arbitraires du territoire et ne sont pas des États particuliers.

Si les électeurs ne pouvaient réussir en France à nommer un Président en lui donnant la majorité absolue des suffrages, la Chambre des représentants pourrait le choisir parmi les cinq candidats ayant obtenu le plus de voix du suffrage universel. Si les représentants ne pouvaient donner à leur tour la majorité absolue à aucun candidat, le Sénat choisirait le Président parmi les deux candidats qui auraient obtenu le plus de voix dans l'Assemblée des représentants.

Le Vice-Président, dont il n'est pas question dans le projet de M. Dufaure, serait nommé de la même manière, et en même temps que le Président. Ce personnage me paraît aussi nécessaire en France qu'aux États-Unis pour empêcher les intrigues auxquelles l'éventualité de la succession du Président, si la Constitution ne l'avait pas prévue, ne manquerait pas de donner naissance.

Il ne saurait y avoir aucun inconvénient à conserver l'âge de quarante ans, qui était nécessaire dans la Constitution de 1848 pour être élu président de la République en France, comme il était nécessaire, avant les Césars, pour être nommé consul dans la République romaine.

L'âge, qui donne de l'expérience, qui, dans un pays moral, suppose une plus longue pratique des vertus publiques et privées, peut avoir certains priviléges de cette nature dans une République.

Toute condition raisonnable mise à l'exercice d'un droit tend à rappeler que ce droit impose des devoirs ; un électeur, dans une nation de trente-six millions d'hommes, n'a pas plus le droit qu'un empereur, qu'un Néron, de s'attribuer une souveraineté capricieuse, ne fût-ce qu'un jour.

XLIII

Les partisans des trois monarchies qui ont successivement existé en France se plaisent à dire que la République est provisoire. S'il y a une monarchie possible aujourd'hui, c'est, à coup sûr, l'Empire, parce qu'il a fait le plus de mal à la France ; parce que, seul, il l'a fait vaincre et démembrer, une première fois par l'Europe coalisée, une seconde fois, par la Prusse seule. Deux fois, l'Empire a vérifié cette parole de l'Évangile : « Celui qui se servira de l'épée « périra par l'épée. » L'Empire, malgré les plébiscites, a été justement condamné par l'Assemblée nationale réunie à Bordeaux, qui, nommée à un moment où tout était renversé en France, était appelée à tout relever en France, il est juste d'en convenir, et cela doit être d'autant plus facile à un républicain que l'Assemblée nationale ne peut pas constituer en France autre chose que la République, par suite de la division des partis qui la composent.

Chaque jour suffit à sa peine. L'utopie d'aujourd'hui peut être la vérité politique de demain. Mais comme, au plébiscite de mai 1870, nous n'étions pas 1 million 500,000 républicains sur 10 millions de Français, j'estime, comme M. Thiers, que la République la plus modérée, la plus conservatrice, est celle qui convient le mieux à la France.

Il est fâcheux que la majorité de droite, en s'obstinant à ne pas vouloir mettre hors de question l'existence définitive de la République, n'ait pas permis à M. Thiers, qui venait de prendre trois ministres, MM. Casimir Périer , Waddington et Bérenger à la limite de la droite, d'en prendre jusqu'à la limite de l'extrême droite, que je voudrais croire seule irréconciliable avec la République.

Si l'Assemblée, mieux inspirée, ne se décide pas à faire ce que M. Thiers lui recommandait dans son Message de novembre, et si elle maintient le scrutin de liste, même avec la pression exercée sur le cabaret, même avec les maires nommés par le gouvernement, elle pourra arriver à n'obtenir qu'une Chambre ultra-républicaine, grâce à certains noms magiques qu'on ne pourra raisonnablement empêcher les électeurs de nommer avec le scrutin de liste, qu'ils n'auraient aucune envie de nommer avec le scrutin de circonscription, parce qu'alors ce nom magique ne pourrait plus être qu'une opinion dans le scrutin, au lieu d'être une arme de guerre.

XLIV

COMPARAISON

avec l'Angleterre, l'Allemagne et les États-Unis

CONCLUSION

L'aristocratie anglaise gouverne avec un roi ou une reine, 478 membres de la Chambre des pairs, 658 membres de la Chambre des communes.

Aucun n'est payé à raison de ces fonctions, mais les ministres ne peuvent être pris en dehors des deux Chambres; aucun ministre ne peut entrer que dans la Chambre à laquelle il appartient, excellent prétexte pour avoir, dans chaque ministère, un second ministre, sous le nom de sous-secrétaire d'État ou sous un autre nom, appartenant à une autre Chambre que le ministre titulaire.

La population officielle de l'Angleterre s'élevait, au 3 avril 1871, à 31,817,108 âmes, y compris les armées de terre et de mer et les îles.

Si l'Assemblée nationale française n'existait pas, la Chambre des communes d'Angleterre serait la plus nombreuse du globe.

En revanche, il y en a peu qui comptent moins de membres présents à la plupart des séances. Le 9 juillet 1873, 98 voix contre 88 ont suffi pour adopter, dans la Chambre des communes, une proposition pour essayer de substituer l'arbitrage à la guerre dans les différends entre les nations, belle proposition, s'il en fût, assurément, et digne de réunir plus de votants.

La plupart des membres de la Chambre des communes appartiennent à deux partis. Il n'est pas rare de voir trente membres d'un parti, ou davantage, s'absenter en même temps qu'un nombre pareil de membres du parti opposé, de manière que le résultat du scrutin présente la même différence de voix.

L'usage peut être blâmé, mais il mérite moins le blâme que celui qui permet, sans que les présidents de l'Assemblée nationale de France paraissent s'en préoccuper beaucoup, à un député inconnu, de voter pour un autre qui est absent, sans mandat, et souvent d'une manière contraire à l'opinion de l'absent.

L'Allemagne, pour une population de 41,058,139 âmes, au 1er décembre 1871, compte 397 membres du Reichstag, y compris 15 membres pour l'Alsace-Lorraine à partir du 1er janvier 1874, et 59 membres du Bundesrath, corps analogue au Sénat des États-Unis; seulement, tandis que chaque État particulier aux États-Unis fait nommer deux sénateurs par ses Assemblées législatives, les gouvernements des divers États qui composent l'Allemagne, c'est-à-dire la Prusse, la Bavière, le

Wurtemberg, la Saxe, Bade, etc., etc., envoient un nombre de représentants au Bundesrath variant de 1 à 16 pour chacun.

La démocratie, aux États-Unis, est gouvernée en 1873 par un Président nommé pour quatre ans, un Sénat de 74 membres nommés pour six ans, rééligibles par tiers tous les deux ans, une Chambre de représentants de 283 membres nommés pour deux ans, soit 357 sénateurs ou représentants pour une population de 38,558,731 habitants au 1er janvier 1870, qui dépasse certainement aujourd'hui quarante millions d'âmes.

Tous les sénateurs, tous les représentants reçoivent la même indemnité ; aucun d'eux ne peut être fonctionnaire ou ministre.

Pas plus en Angleterre qu'aux États-Unis, les maires des diverses communes, grandes ou petites, ne sont nommés par le gouvernement ; mais, dans ces deux pays, Lyon n'eût pas absorbé les trois communes de Vaise, la Guillotière et la Croix-Rousse, ni Paris une douzaine de communes, Auteuil, Passy, les Batignolles, Montmartre, Vaugirard, etc., etc., qui seraient toujours restées indépendantes.

Le décret du 29 décembre 1851 sur les cabarets, que la République n'a point encore répudié, n'a point été imité en Angleterre, ni aux États-Unis, à ma connaissance, du moins.

La France, avec une population officielle de 36,469,859 âmes au 1er janvier 1873, sans compter la population française de l'Algérie, de la Cochinchine, de la Nouvelle-Calédonie, de l'Inde, du Sénégal et la population totale de nos autres colonies, le tout n'atteignant pas 800,000 âmes, possède 750 représentants payés dans une seule Chambre.

Dans le projet présenté par M. Dufaure, cette

Chambre unique serait remplacée par une Chambre des représentants qui aurait 537 membres, et une Assemblée de 265 sénateurs, soit 802 membres payés, plus de deux fois autant qu'aux Etats-Unis.

Les membres de l'Assemblée actuelle, et sans doute ceux des deux Chambres proposées par M. Dufaure, qui n'a mis en avant aucune innovation à cet égard, réunissent à la fois *tous les avantages personnels* que les membres des Assemblées politiques ne possèdent qu'en partie, soit aux États-Unis, soit en Angleterre.

Ils sont payés comme aux États-Unis, et deux fois aussi nombreux pour une population moindre !

En même temps, au lieu de ne pouvoir remplir aucune fonction publique, comme aux États-Unis, ils peuvent, comme en Angleterre, être nommés ministres et ambassadeurs, et cela encore sans être soumis à une réélection, comme ils le seraient en Angleterre.

Il n'est pas besoin d'une bien grande connaissance du cœur humain pour comprendre combien le projet de M. Dufaure est plus séduisant qu'un projet comme celui qui a été présenté ici, qui ne donnerait que 250 représentants et 125 sénateurs pour la France, les trois départements de l'Algérie et les trois colonies qui ont plus de cent mille âmes, nommés au scrutin de circonscription, c'est-à-dire un représentant pour cent cinquante mille âmes et un sénateur pour trois cent mille âmes.

Dans ce projet, où les électeurs seraient inexcusables s'ils ne connaissaient pas bien le représentant et le sénateur unique qu'ils auraient à nommer, il faudrait renoncer à être ministre ou ambassadeur en même temps que sénateur ou

représentant, et se contenter de contrôler,
comme aux États-Unis, le Président de la République, sans aucun intérêt que l'amour du bien
et de la justice.

Le Président, nommé pour quatre ans, comme
aux Etats-Unis, aurait les mêmes pouvoirs
qu'aux Etats-Unis et n'en aurait pas d'autres ;
ainsi, il ne pourrait jamais dissoudre l'Assemblée des représentants, d'accord avec le Sénat !

Dans quel intérêt dissoudre l'Assemblée des
représentants, si elle est nommée pour deux ans,
comme aux États-Unis, ou même si elle est
nommée pour quatre ans, mais à condition d'être
renouvelée par quart tous les ans, bien entendu ?

Car si l'on veut augmenter la durée des fonctions des représentants, ce ne peut être raisonnablement qu'en ayant recours, comme cela a lieu
aux États-Unis pour le Sénat, au renouvellement
partiel de cette Assemblée.

Et si, comme aux États-Unis, une loi qui paraît
dangereuse au Président ne peut passer qu'à la
condition de réunir, après cette déclaration, les
deux tiers des voix d'abord dans la Chambre des
représentants, puis dans le Sénat, est-ce que
l'accord du Président et du Sénat n'empêchera
pas tout le mal dont on suppose fort gratuitement
la Chambre des représentants capable, sans avoir
besoin de recourir à une dissolution ?

Les monarchies, qui se proclament éternelles,
périssent souvent par les dissolutions, qui irritent
les électeurs et finissent par leur faire penser
que le meilleur moyen de rétablir l'union dans
le pays, c'est de renvoyer la monarchie.

Pourquoi, dans une république, où le Président,
le Sénat, l'Assemblée des représentants sont
nommés pour un temps assez court et doivent
représenter au même titre la nation, recourir à

la dissolution qui, même pour les monarchies, est une arme si dangereuse ?

Il est bien évident que la nomination directe du Président et du Vice-Président par tous les électeurs ou par des électeurs du second degré ne pouvant être ni sénateurs, ni représentants, ni fonctionnaires, mais nommés, comme aux États-Unis, précisément à cause du Président qu'ils se sont engagés à nommer, conduisent absolument au même résultat.

Au point de vue pratique, il est donc indifférent en France de faire nommer le Président par des électeurs spéciaux, comme aux États-Unis, ou directement par tous les électeurs en déclarant inéligibles tous les membres des familles qui ont régné en France et punissant de peines sévères ceux qui feraient imprimer ou distribuer des bulletins illégaux ou s'engageraient à voter pour des candidats illégaux.

Faire nommer le Président par les 802 sénateurs et représentants de M. Dufaure, même en leur adjoignant 267 conseillers généraux, me paraîtrait propre à établir le germe de froissements, de divisions, entre une partie des représentants et des sénateurs et le Président nommé, à créer des prétentions de la part des autres sur le gouvernement.

On éviterait ces inconvénients en donnant aux trois pouvoirs, qui doivent être également indépendants, la même origine : l'élection directe. Si les électeurs n'ont pas assez de sagesse pour donner eux-mêmes la majorité à un Président et à un Vice-Président, alors, comme aux États-Unis, la Chambre des représentants interviendra dans l'élection.

Il est bien évident que les sénateurs devant former en France, comme aux États-Unis, une seconde Chambre ayant les mêmes attributions que celle des représentants, en y joignant des attributions spéciales, comme celle de juger le Président quand il est accusé par la Chambre des représentants, de ratifier les traités, les nominations faites par le Président; et la France n'étant pas une réunion d'États fédératifs comme les Etats-Unis et l'Allemagne, on ne peut songer à faire nommer les sénateurs, en France, comme le Sénat des Etats-Unis et le Bundesrath d'Allemagne, par un autre pouvoir que les électeurs eux-mêmes.

Il suffit de leur imposer des conditions d'âge, de fonctions remplies, qui supposent plus de sagesse, plus d'expérience, de les faire nommer, comme les représentants, d'après la population, au scrutin de circonscription aussi, et par un plus grand nombre d'électeurs que les représentants, ainsi que cela a lieu pour les sénateurs des divers États particuliers qui composent les États-Unis.

Il est permis de penser que ces modifications et plusieurs autres pourraient être apportées avec profit au projet de M. Dufaure, qui a eu bien peu de temps pour le formuler, quand on pense qu'il a fallu six ans de paix pour établir la Constitution des États-Unis, qui devait, il est vrai, en 1789, réunir l'assentiment des Assemblées de treize Etats, qui ne comptaient peut-être pas ensemble 750 membres.

Les membres de l'Assemblée nationale, s'inspirant du besoin de relever la France, sauront, dans la Constitution définitive qu'ils adopteront, sacrifier leurs intérêts particuliers aux intérêts généraux; ils savent qu'ils n'ont le droit de demander à la France qu'ils représentent que de suivre les exemples de dévouement qu'ils lui donnent.

Tout ce qu'ils enlèveront, par une sage prévoyance, à l'ambition des membres de nos Assemblées futures, en s'inspirant de la Constitution des Etats-Unis, ils le donneront à la grandeur et au bonheur de la France.

UN PROPRIÉTAIRE DANS L'ARRONDISSEMENT DE MORTAIN,

Où il paye trente centimes d'impôt, ce qui lui donne le droit d'être nommé conseiller général de la Manche (M. DE CASTÉ).

Paris. — Imp. Dubuisson et Cᵉ, rue Coq-Héron, 5. — 4181